OPERATIC ANTHOLOGY

CELEBRATED ARIAS
Selected from
OPERAS
by
Old and Modern Composers

IN FIVE VOLUMES

Vol. I. Soprano

Compiled by

Kurt Adler

Ed. 550

G. SCHIRMER, Inc.

DISTRIBUTED BY
HAL•LEONARD®
CORPORATION
7777 W. BLUEMOUND RD. P.O. BOX 13819 MILWAUKEE, WI 53213

CONTENTS

CONTENTS

(*Continued*)

Ritorna vincitor!
Scene and Aria
from "Aïda"

English version by
Mrs. G. G. Laurence

Giuseppe Verdi
(1813-1901)

16361×

Vin - ci - tor de' miei fra - tel - li_ on-d'io lo
Wish him con-qu'ror o'er my broth - ers? E'en now I

veg - ga, tin - to del san-gue a - ma - to, tri - on-far nel
see him stained with their blood so cher - ished mid the clam-'rous

plau - - - so dell' E - gi - zie co - or - ti! E die-tro il
tri - - - umph of E - gyp-tian bat - tal - ions! Be-hind his

car - ro, un Re... mio pa - dre... di ca - te - ne av - vin-to!
char-iot a King, my fa - ther, comes, his fet - tered cap-tive!

Più mosso ♩ = 100

pp

L'in - sa - na pa - ro - la, o Nu - mi, sper - de - te! Al
Ye gods watching o'er_ me, Those words deem un - spo - ken! A

se - no d'un pa - dre la fi - glia ren - de - te; Strugge - - -
fa - ther re - store me, His daugh-ter heart-bro-ken! Oh, scat - - -

te, strug-ge - - te, strug-ge - te le squa-dre dei
ter, oh, scat - - ter, ay, scat - ter their ar - mies, for -

no - stri op - pres - sor! Ah!_____ sven - tu - ra - ta! che
ev - er crush our foe! Ah!_____ what wild words do I

Andante poco più lento

dis-si?.. e l'a-mor mi-o?.. Dun- que scordar pos-
ut-ter? Of my af-fection Have I no rec-ol-

s'i- o Que-sto fer-vi-do a-mo-re che, oppressa e schiava, Co-me rag-gio di
lec- tion? That sweet love that con-soled me, a cap-tive pin-ing, like some bright, sun-ny

sol qui mi be-a-va? Im-pre-che-rò la mor-te a Ra-da-
ray on my sad lot shin-ing? Shall I in-voke de-struction on the

mès, a lui ch'a-mo pur tan-to? Ah! non fu in ter-ra
man for whom with love I languish? Ah! ne'er yet on this

8

Oh patria mia
Recitative and Aria
from "Aïda"

English version by
Mrs.G.G.Laurence

Giuseppe Verdi
(1813 - 1901)

Moderato

sotto voce

sotto voce

ppp

ppp

Aida

Recit.

Qui Ra-da-mès ver - rà!   Che vor - rà
He will ere long be here!   What would he

Divinités du Styx
Aria
from "Alceste"

Christoph Willibald von Gluck
(1714 - 1787)

Tempo I

mou-rir__ pour ce qu'on ai - me, pour ce qu'on ai - me est un trop doux ef -
Of love__ a will-ing vic-tim, to death I glad - ly go. Thus be't, I __ have no __

fort,__ u -ne ver-tu si na - tu - rel-le, si na - tu - rel - le, mon
fear,__ thus be't, I have no fear to rue it, thus be't, I have no fear. My

cresc.

coeur est a - ni - mé_____ du plus no -ble du plus no - ble trans-
heart feels cour-age great,_____ which through love, which through love, it first did

Presto

port!   Je sens__ u - ne for - ce nou-vel - le,
know.   Love's pow - er su - preme doth im - bue it,

je vais où mon a - mour m'ap - pel - le,
and fear-less strength is giv - en through it.

je sens u - ne for - ce nou - vel - le,
Love's pow - er su - preme doth im - bue it,

je
and

vais où mon a - mour m'ap - pel - le,
fear - less strength is giv - en through it.

mon coeur
My heart

a piacere

est a - ni - mé du plus no - ble trans-port.
feels cour-age great, which through love it doth know.

D.S. al Fine

Marenka's Aria
from "The Bartered Bride"

English version by
Marion Farquhar

Bedřich Smetana
(1824-1884)

End - lich al - lein! Al - lein mit mir, al - lein mit mei - nem Gram!
How can I live, be - reft of love, a - lone with doubt and pain,

Noch im - mer kann ichs nicht glaub-en, steht auch da - bei sein Na - men.
Though it ap - pears he de - creed it and signed so all could read it?

24

war so traut, voll Le - ben!
seemed so warm and liv - ing!
Die Welt hat kei - ne
No joy re-mains, that

Freu - den mehr, ___ ich muss mich drein er - ge - ben,
was so dear, ___ no faith that's worth the giv - ing!

die Welt hat kei - ne Freu - den mehr, ___ ich muss mich drein er - ge -
No joy re-mains that was so dear, ___ no faith that's worth the giv -

rit.

ben!
ing!

a tempo

pp dolciss.

du warst ____ so schön! A-de nun, hel-les Lust-ge - tön, a-
you were ____ so fair! Is this good-bye to all things rare, to

de, du jun - ges Lie - ben a - de, du jun - ges Lie - ben!
love and youth and laugh - ter, to love and youth and laugh - ter?

O Mai - - en - zeit, du warst ____ so
Oh, gen - - tle May, you were ____ so

schön! ____
fair! ____

Mi chiamano Mimì
(I'm always called Mimi)
from the opera "La Bohème"

Giuseppe Giacosa
and Luigi Illica
English version by
Ruth and Thomas Martin

Giacomo Puccini
(1858-1924)

Son tran-quil-la e lie-ta ed è mio sva-go far gi-gli e ro-se.— Mi
Work-ing gives me plea-sure; in lei-sure hours I make lil-ies and ros-es.— I

espress.

Andante calmo ♩= 54

dolcemente

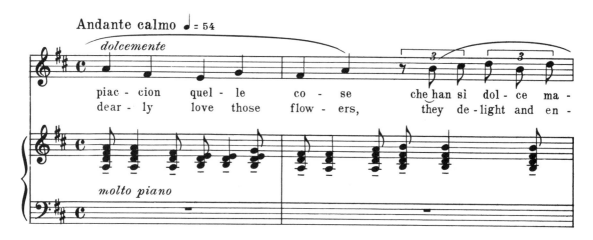

piac - cion quel - le co - se che han sì dol - ce ma -
dear - ly love those flow - ers, they de - light and en -

molto piano

lì - a, che par - la - no d'a - mor, di pri - ma - ve - re,_____
chant me, they speak to me of love, of love and spring-time,_____

col canto

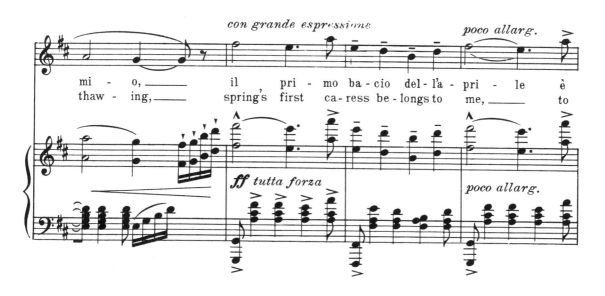

Je dis que rien ne m'épouvante

Aria

from "Carmen"

English version by
Dr. Theodore Baker

Georges Bizet
(1838-1875)

lan - te, Au_ fond du coeur____ je meurs d'effroi!____
clare me, I__ feel dis-may____ with_in my heart!____ A -

poco meno **p**

Seu - - le en ce lieu sau va - ge, Tou-te seu-le j'ai
lone____ in this dis-mal place,____ All a-lone, I'm a -

cresc. molto

peur,_ mais j'ai tort d'a - voir peur;____
fraid,_ al-though 'tis wrong to fear;____

cresc.

f

Vous me donne-rez du_cou-ra - ge, Vous me pro-té-ge-rez,____ Sei-
Thou wilt up-hold me with Thy grace,____ For Thou, O Lord, art ev - er

dim. **p** *poco rit.*

sf

dim. **p**

pp

colla voce

42

Pleurez! pleurez, mes yeux!

Aria
from "Le Cid"

English version by
Charlotte H. Coursen

Jules Massenet
(1842-1912)

li-bre et je pourrai du moins Sou-pi-rer sans contrainte et souffrir sans té-
freedom, and my grief is my own, I may sigh as I will, and may suf-fer a-

moins.
lone.

pp un poco riten.

Pleu-rez! pleu-rez, mes yeux!___ tom-bez, tris-te ro-
Then weep! O grief-worn eyes!___ Then flow, sad shin-ing

sé-e Qu'un ray-on de so-leil ne doit ja-mais ta-rir!___
tears! No ray of sun shall ev-er dry your flood so clear!___

S'il me reste un es-poir, c'est de bien-tôt mou-rir! Pleu-rez, mes
If a hope yet re-mains, it is that death is near! O grief-worn

yeux, pleu-rez tou-tes vos lar - mes! pleurez, mes yeux!
eyes, then let your bit-ter tears free-ly flow, freely flow.

Mais qui donc a vou-lu l'é-ter-ni-té des
Whose the wish or the will that tears fall ev-'ry-

pleurs? Ô chers_ en-se-ve-lis, trou-vez-vous_ tant de
where? O part-ed ones so dear, are you blessed_ by our

Elle a fui, la tourterelle!

Aria
from "Les Contes d'Hoffmann"

English version by
Charles Henry Meltzer

Jacques Offenbach
(1819 - 1880)

50

gar - de sa foi! _____ Mon bien-ai - mé, ma voix t'ap-
true to his love! _____ My own dear dove, thou wilt o-

pel - le, Oui, tout mon cœur _____ est à toi! Tout mon
bey me, My ten-der heart I gave to thee! All my

cœur est à toi! Tout mon cœur est à toi! Elle a
heart's true to thee! All my heart's true to thee! He has

fui, la tour-te-rel - le, Elle a fui, elle a fui_ loin de
flown, my pret-ty tur-tle-dove, He has flown, he has flown far from

Come Scoglio

Recitative and Aria
from "Cosi fan tutte"

English version by
Ruth and Thomas Martin

Wolfgang Amadeus Mozart
(1756-1791)

Aria

Andante maestoso

Co - me sco-glio im - a
Strong - ly found-ed, a

mo - to re-sta con - tra i ven - ti e
mar - ble tow-er, safe - ly guard-ed from

la tem - pe - sta, e la tem - pe - - sta,
ev - 'ry foe and hos-tile pow - - er,

Allegro

co - si o-gnor quest' al - ma è for-te
so my heart, for - ev - er faith-ful,

gnor quest' al - ma è for - te nel - la fe - de e
heart for - ev - er_ faith-ful, bears_ an_ ar - mor no

nell'_____ a - mor nel - la fe - de e nell' a - mor.
force_____ can rend, bears an ar - mor no force_ can rend.

cresc.

fp

Più allegro

Ri - spet -
You will

f

fp *fp*

ta - te, a ni - me in - gra - te.
nev - er_ win our_ fa - vor.

p

f

Tu che le vanità

Scene and Aria
from "Don Carlo"

English version by
Lorraine Noel Finley

Giuseppe Verdi
(1813-1901)

Tu che le va - ni - tà co - no - sce - sti del
You who knew world - ly pride, all the pomp life af -

mon - do e go - di nell' a - vel il ri - po - so_ pro - fon - do,
ford - ed, En - joy your deep, long sleep by the grave thus re - ward - ed,

s'an - cor si pian - ge in cie - lo, pian - gi sul mio do -
If one may weep in Heav - en, Weep when you see my

lo - re, e por - ta il pian - to mi - o al
sor - row, Then take my tears____ be - fore the

Allegro agitato

mor.
ours!

Ad - di - o,
O fare-well,

ad -
fare-

di - o,
wellthen,

bei so-gni d'or,
dream of my youth,

il - lu - sion
lostand gone

per -
il-

du - ta!
lu - sion!

Il no - - do si spez -
The bond is bro - ken

zò,
now,

la lu - ce, la lu - ce è fat - ta
the light shines no more, that flash of de-

Non mi dir

Recitative and Aria
from "Don Giovanni"

English version by
Natalia Macfarren

Wolfgang Amadeus Mozart
(1756 - 1791)

si - bil mio co - re; ab - ba-stan - za per te mi par-la a mo-re!
grief is as-suaged. All my heart is thine own, of that be cer-tain.

Larghetto

sotto voce

Non mi___ dir,___ bell' i - dol mi - o
Tell me___ not,___ oh thou___ be - loved___ one,

che son i - o cru - del___ con te,
That thou'rt con-stant to me___ in vain,

tu ben sa - i_____ quant' io t'a
That I love____ thee,_____ ah, well thou

ma - i tu co - no - sci la_____ mia fè.
know-est it, that I'll ev - er thine____ re - main,

tu_____ co - no - sci la mia fè.
that_____ I'll___ ev - er_thine re - main.

Cal - ma,
Stay, oh,

cal - ma il tuo_ tor - men - to,
stay thy fond mis - giv - ing,

Se di duol non vuoi ch'io mo - ra, se di me_
Doubt di me not, oh,_ I con - jure thee, doubt me_

duol_____ non vuoi ch'io mo - ra, non vuoi ch'io mo - ra._
not,_____ oh, I con - jure thee, oh, I con - jure thee!_

Non mi_ dir,_ bell' i - dol mi - o,
Tell me_ not,_ oh thou_ be - loved_ one,

che son i - o cru - del__ con te; cal - ma,
That thou'rt con-stant to__ me__ in vain; Stay, oh,

mf sf p

cal - ma____ il tuo tor - men - to se di
stay__ then____ thy fond mis - giv - ing, Doubt me

duol_____ non vuoi_____ ch'io
not,_____ oh, I_____ con -

mo - ra, non vuoi ch'io mo - - ra!
jure thee, oh, I__ con - jure_____ thee!

f p mfp

pie - tà_____ di_ me, sen - ti-
will smile_____ a - gain, smile a-

rà pie - tà,_____ pie - tà di
gain, that____ Heav'n _____ will smile a -

cresc.

Ernani, involami

Recitative and Cavatina
from "Ernani"

English version by
Willis Wager

Giuseppe Verdi
(1813-1901)
Edited by Estelle Liebling

Elvira Recit.

Sor - ta è la
Night is ap-

not - te, e Sil - va non ri - tor - na!
proach - ing, and Sil - va yet re - turns not!

Ah! non tor - nas - se ei
Ah! may he not re -

più! Que-sto o-dia-to ve-glio, Che qua-le im-mon-do spet-tro o-gnor m'in-
turn, that de-test-ed gray-beard, Whose hate-ful pres-ence haunts__ me, pur-su-ing

se-gue, Col fa-vel-lar, col fa-vel-lar d'a-mo -
ev - er With cease-less talk of am-or-ous e-mo -

re, Più sem - pre, Er-na-ni, mi con-
tion. Thou on-ly, Er-na-ni, canst in-

fi - ge in co - re!
spire___ my de - vo - tion.

morendo

Tatiana's Letter Scene
Aria
from "Eugene Onégin"

English version by
Henry Grafton Chapman

Peter Ilyitch Tchaikovsky
(1840-1893)

Net,   vsio ne
No,   'twill not

to!   nach-nu sna-cha-la!
do!   Quick, some-thing dif-f'rent.

Akh! chto so mnoï!
How strange it is!

Poco meno

Moderato assai
quasi Andante ♩ = 84

Ya vsya go-ryu...   ne zna-yu,   kak na - chat'!
It fright-ens me!   How am I   to be - gin it?

Ya kvam pi-shu,   che-vo   zhe-bo-lye?   Chto   ya mo-
I write to you   with-out   re-flec-tionl   Is   that not

gu ye-shchio ska - zat'?
all I need to say?

Te - per' ya zna - yu vva-sheĭ
You may of - fend with-out cor -

vo - lye
rec - tion.

me - nya pre zren'yem na ka-zat'!
You need but speak and I o - bey.

No vy kmo - yeĭ ne-chast-noĭ do - lye khot' kap - lyu
But if for this sad fate of mine A sin - gle

zha - los-ti kha nya, vy nye o - sta-vi-tye me - nya,
spark of pit - y shine, Ah, then at least you will not fail me.

poco rit.

Sna - cha-la ya mol-chat' kho-tye-la po - ver 'tye mo-ye-vo sty-da vy nye uz-
First I re-solved to keep my se-cret, And nev - er, nev-er speak, that so my love and

na - lib, ni - kog-da, ni-kog - da! O da klya-las' ya so-khra-nit' vdu-shye
long - ing you'd not know, nev - er know! Oh, deep with-in my heart my love must glow,

Recit.

Adagio ♩=60

pri-znan' yev stras-ti pyl - koi i be-zum-noĭ! U -
None must sus-pect, to none must I ex-press it! But

vy!___ nye v si-lakh ya vla - det'_____ svo-yeĭ du-shoĭ!
oh,___ de-struc-tion rush-es in _____ up-on my soul!

riten.

Pust' bu- det to, chto byt' dol - zhno so mnoĭ!
I can no more this love of mine con-trol.

Ye- mu- pri- zna- yus' ya!
And now let come what may.

**Moderato assai,
quasi andante** ♩=84

sme-leĭ,___ on vsio u - zna - yet!
'Tis done!___ I will con - fess it!

Za - chem za - chem___ vy po - se - ty - li nas?
What led you here___ to this our lone - ly home?

vglu- shi za- by- ta- vo se- len' ya yab ni- kog- da ne zna- la
Or what in- duce- ment seemed to of- fer? Un- known by me, had you not

vas; ne- zna- lab gor'- ka- vo mu- chen- ya. Du-
come, The hopes, the fears, from which I suf fer! My

shi ne- o- pyt- noĭ vol- nen'- ya smi- riv so-
un - ex- pe- ri- enced e - mo - tion With time would

vre - me- nem kak znat'? po serd- tzu ya nash-
soon have passed a - way. Id for an- oth - er

la - by dru - ga,   by - la - by ver - na - ya sup -
tak - en a   no - tion,   And loved him with su - preme de -

poco stringendo

cresc.

ru - ga   i dob - ro - de - tel - na - ya mat'...
vo - tion,   And learnt a moth - er's part to play.

cresc.

Dru - goĭ!___
An - oth - er!

a tempo

Moderato ♩=100

Net, ni - ko - mu na - sve - tye ne ot - da -
No, nev - er an - y oth - er, For an - y

Kto ty:moĭ an-gel-li khra - ni-tel,
Art thou an an-gel watch-ing by me?

i - li ko-
Art thou a

var-nyĭ is - ku - si-tel?
tempt-er sent to try me?

Mo yi som - nen'- ya raz - re - shi:_
Give an-swer, drive these doubts a - way!

byt' mo-zhet, e - to vsio pus-
The face I dreamt, was that de-

to - ye,
lu - sion?

ob-man ne - o - pyt-noĭ du - shi,
Art thou a freak of fan - cy? Say!

i suzh-de - no so-vsem i - no - ye?...
Was all my joy a mere il - lu - sion?

Molto più mosso ♩=100

No, tak i byt!_____ sud' - bu mo-yu ot - ny - nye ya te
No, come what may,_____ to stand or fall, My dream-face be my

slu - zhen-nym u - ko - rom!
word my dreams were end - ed!

The King of Thulé
and
The Jewel Song
Scene and Aria
from "Faust"

English version by
H.T.Chorley
Revised by
Dr Theodore Baker

Charles Gounod
(1818 - 1893)

Marguerite

Je voudrais bien sa-voir quel é-tait ce jeune hom-me;
I wish I could but know who was he that ad-dressed me;

Si c'est un grand sei-
if no-ble he of

gneur, et comment il se nom - me?
birth, what his name and his sta - tion.

The King of Thulé

piu lento

fois.___ La cou - pe trem - bla dans ses doigts,___
gold,___ Then, with hand in death grow-ing cold,___

Et dou - ce-ment il ren-dit l'â - me!
He flung the gob-let in the o - cean!

Les grands seigneurs ont seuls des airs si ré - so - lus, A-vec cet-te dou-
No-bles a - lone can bear them with so bold a mien, so ten-der, too, with-

Moderato

ceur!
ai!

Al-
No

lons, n'y pensons plus! Cher Valen - tin! si Dieu m'é-
more! An i - dle dream! Dear Val-en - tine! May Heav-en

vrais!.. ma main trem-ble!.. Pour-quoi? Je ne fais, en l'ouv-rant, rien de mal, je sup-
try! My hand trem-bles! But why? To un-lock it, I think, can-not harm an-y-

po-se! O Dieu! que de bi-joux! est-ce un rê - ve char-
bod-y! O Heav'ns! How many gems! Is't a dream of de-

mant Qui m'é-blou-it,— ou si je veil - le! Mes yeux n'ont ja - mais
light that charms my sight, or am I wak-ing? Oh, nev - er in my

Allegro non troppo

vu de ri - ches - se pa - reil - le!
life have I seen aught so love - ly!

Si j'osais seu-le -
If I dared, on -ly

ment Me pa - rer un mo - ment De ces pend -ants d'o -
dared for a mo - ment to try this love -ly pair of

reil - le!... Ah! Voi-ci jus -te -
ear - rings! Ah! and here, just at

ment, au fond de la cas-set -te, Un mi - roir! Com-ment n'ê-tre pas co -
hand with-in the lit - tle cas-ket is a glass! Who could re-sist it an -y

quet - te? Com - ment n'ê - tre pas co -
long - er? Who could re - sist it an - y

The Jewel Song

Dieu!__ c'est comme u - ne main,
Ah!__ it is like a hand

p tornando a poco a poco al tempo I?

qui sur mon bras se po - se! ah!__ ah!__
laid on my arm to op-press me! Ah!__ ah!__

cresc. -

ah!_____ je ris__ de me voir Si
ah!_____ the joy__ past com-pare, These

dim. *pp*

belle en ce mi - roir! Ah! je ris_____ de me voir Si
jew - els bright to wear! Ah! the joy_____ past com-pare, These

leggiero

belle en ce mi - roir! Est - ce toi,___ Mar - gue-
jew - els bright to wear! Is it thou,___ Mar - gue-

cresc.

ri - te, Est - ce toi? Réponds-moi, réponds-moi,
ri - te, is it thou? Now re - ply, now re - ply,

_p_ _cresc._

réponds, réponds, réponds vi - te! Ah! s'il é - tait i - ci!
tell me, tell me, tell me tru - ly! Ah! might it on - ly be!

dim. _p_

rit. _a tempo_

S'il me vo - yait ain-si, Comme u - ne de-moi - sel - le
Were he but here to see! Now as a roy - al la - dy

a tempo

rit. _pp_

Non!   c'est la fil-le d'un roi,_____ Qu'on sa-
No,   some king's daugh-ter I spy,_____ All are

lue au pas-sa - - - - - - -
bend-ing be-fore_____

ge!
me!

Abscheulicher! wo eilst du hin?

Recitative and Aria

from "Fidelio"

Ludwig van Beethoven
(1770 - 1827)

Allegro agitato

Recit.

Leonore *f molto agitato*

Ab-scheu - li - cher! wo eilst du hin?
Thou mon-strous fiend, whith-er dost haste,

was hast du vor? was hast du vor im wildem Grim-me?
what thy in-tent? Where will thy cru-el fu-ry guide thee?

Grim - me?
guide thee?

Poco adagio

Des Mit-leids Ruf,
Soft pi - ty's voice

Klänge der Heimat

Csárdás

from "Die Fledermaus"

English version by
Ruth and Thomas Martin

Johann Strauss
(1825-1899)

Klän-ge___ der Hei-mat, ihr
Voice of___ my home-land, you

weck mir das Seh-nen,   ru - fet die Trä - nen ins Au - ge - mir!
wa - ken my long-ing,   Sad tears are throng-ing and fill___ my___ eyes.

Land, wo_____ so glück - lich ich war! Ja - dein ge - lieb - tes
land that____ I love _ and re - vere. Nev - er, oh, nev - er your

Bild mei - ne see - le so ganz er - füllt,
im - age will fade_ from my mem - o - ry,

dein ge - lieb - tes Bild! Und bin ich auch von dir weit, _____ ach, _____
your be - lov - ed name! Wher - ev - er I may wan - der, _____ Ah! ____

_ weit, _____ ach, _____ dir bleibt in E - wig -
_ far, _____ Ah! _____ As lone - ly years go

keit doch mein Sinn im - mer dar _____ ganz al -
by, to you my thoughts will fly, _____ till the

lein ge - weiht! O Hei - mat, so wun - der bar, wie
day I die! O home - land I hold so dear, where

strahlt dort die Son - ne so klar, wie grün dei - ne Wäl - der, wie
sun - light is gold - en and clear, where green for-ests tow - er, and

la - chend die Fel - der, o Land, wo so glück - lich ich war!
fields are in flow - er, O land that I love and re - vere!

tönt jauch zend Sin - gen: ho,— ha,— ha! — Mit dem
— wild - ly sing - ing, hey— ya! — ha! — Twirl - ing

Sporn ge - klirrt, wenn dann die Maid ver - wirrt senkt - zur Erd' den Blick,
round and round, stamp - ing the dus - ty ground, dance — the night a - way

das ver - kün - det Glück! — Durst'- ge Ze - cher, greift zum
till the break of day. — Lads and las - ses, lift your

Be - cher, lasst ihn krei - sen, lasst ihn krei - sen schnell von Hand zu Hand!
glas - ses, pass the bot - tles, pass the bot - tles fast from hand to hand!

Schlürft das Feu - er im To - kay - er! bringt ein
Drown your sor - row till to - mor - row! Raise a

Hoch aus dem __ Va - ter - land! Ha! ____
toast to the __ fath - er - land! Ha! ____

Feu - er, Le - bens - lust, schwellt ech - te
Fie - ry eve - ning sky, spir - its are

Mein Herr Marquis

Laughing Song
from "Die Fledermaus"

English version by
Ruth and Thomas Martin

Johann Strauss
(1825 - 1899)

1. Mein Herr Mar - quis, ein Mann wie Sie sollt
2. Mit dem Pro - fil im griech'schem Stil be -
1. My dear Mar - quis, it seems to me you
2. Just look at me and you will see that

bes - ser das ver - stehn, _____ da - rum ra - te ich,
schenk - te mich Na - tur, _____ Wenn nicht dies Ge - sicht
should em - ploy more tact! _____ If I may ad - vise,
na - ture did her best. _____ If you think my face

leggiero

148

drum ver-ziehn Sie, ha, ha, ha, wenn ich la-che, ha, ha, ha, ha, ha, ha,
so ex-cuse me, ha, ha, ha, my e-la-tion, ha, ha, ha, ha, ha, ha,

Più mosso

ja sehr ko-misch, ha, ha, ha, ist die Sa-che, ha, ha, ha,
What a fun-ny, ha, ha, ha, sit-u-a-tion, ha, ha, ha,

ha, ha, ha,
ha, ha, ha,

cresc. f p colla parte

sehr ko-misch, Herr Mar-quis, sind Sie!
so fun-ny a Mar-quis is he!

fp f a tempo

Traft ihr das Schiff?

Senta's Ballad

from "Der fliegende Holländer"

English version by
Natalia Macfarren

Richard Wagner
(1813 - 1883)

Allegro non troppo ♩. = 63

ben marcato

Senta

Jo -
Yo -

ho - hoe! Jo - ho - ho - hoe! Ho - ho - hoe! Jo - hoe!
ho - hoey! Yo - ho - ho - hoey! Yo - ho - hoey! Yo - hoey!

Traft ihr das Schiff im Mee-re an, blut-roth die Se- gel,
A ship the rest - less o-cean sweeps;Blood-red her sails, and

schwarz der Mast? Auf ho - hem Bord der blei - che Mann, des
black her masts; Her pal - lid cap - tain nev - er sleeps, But

Schif - fes Herr, wacht oh - ne Rast. Hui!
watch - ful glanc - es round him casts. Hui!

Wie saust der Wind! Jo-ho-he. Jo-ho-he!
The wind is shrill! Yo-ho-hey! Yo-ho-hey!

Hui! _____ Wie pfeift's im Tau! Jo-ho-he! _____
Hui! _____ The wind is shrill! Yo-ho-hey! _____

_____ Jo-ho-he! Hui! Wie ein Pfeil fliegt er hin, oh-ne
_____ Yo-ho-hey! Hui! Like an ar - row he flies, with-out

Ziel, oh-ne Rast, oh-ne Ruh! _____
aim, without rest, without end! _____

Più lento ♪ = 100

Doch kann dem blei-chen Man-ne Er - lö-sung ein-stens noch wer - den,
Yet this the pal - lid man from his life-long curse may de - liv - er,

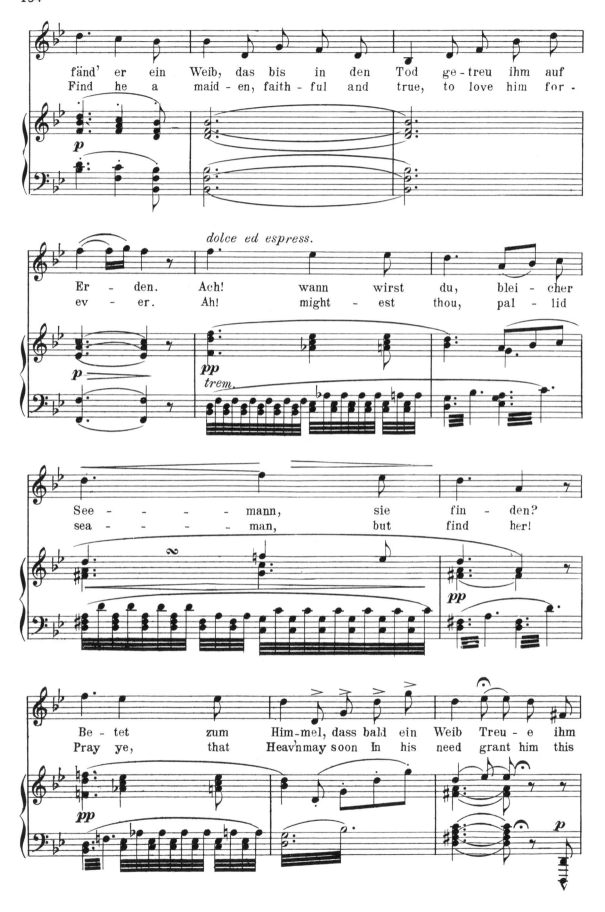

fänd' er ein Weib, das bis in den Tod ge-treu ihm auf
Find he a maid - en, faith - ful and true, to love him for -

dolce ed espress.

Er - den. Ach! wann wirst du, blei - cher
ev - er. Ah! might - est thou, pal - lid

See - - - mann, sie fin - den?
sea - - - man, but find her!

Be - tet zum Him-mel, dass bald ein Weib Treu - e ihm
Pray ye, that Heav'nmay soon In his need grant him this

Madre, pietosa Vergine

Aria
from "La Forza del destino"

English version by
Dr. Theodore Baker

Giuseppe Verdi
(1813-1901)

Pace, pace, mio Dio

Aria

from "La Forza del destino"

English version by
Dr. Theodore Baker

Giuseppe Verdi
(1813-1901)

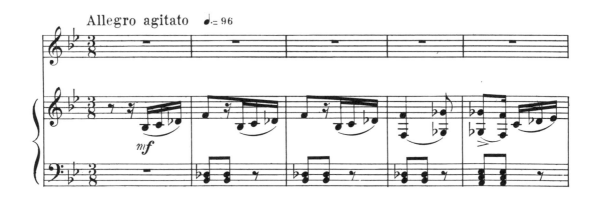

In-van la pa - - ce quest' al - - ma, in-van la
For 'tis in vain_____ I pray,_____ 'tis all in

pa - - - ce que - st'al - ma, in - van la
vain_____ I pray my an - guish, I pray my

pa - - ce quest' al - ma in-van spe-rò.
an - - guish may cease on__ earth till fails my breath!

Und ob die Wolke

Cavatina

from "Der Freischütz"

English version by
Natalia Macfarren

Carl Maria von Weber
(1786-1826)

wahr.
fall.

Für
I

mich wird auch der Va-ter sor-gen, dem kind-lich Herz und Sinn ver-
know He will not let me sor-row, In whom my heart and faith con-

traut, und wär' dies auch mein letz- ter
fide, And though I ne'er should see the

Mor - gen, rief' mich sein Va-ter-wort als Braut.
mor - row, In Him a - lone I will a - bide.

dolce

mf

mf

Wie nahte mir der Schlummer

Scene and Aria
from "Der Freischütz"

English version by
Nathan Haskell Dole

Carl Maria von Weber
(1786 1826)

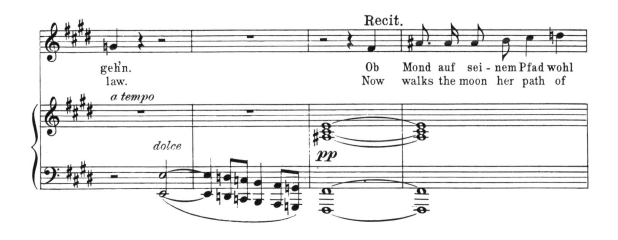

Printed in the U. S. A.

An-fang und ohn' En - de. Vor Ge - fah - ren uns___ zu
mer-cy I im-plore thee! An - gels send_ us to___ de-

wah-ren, sen - de dei-ne_Eng-el-scha - ren!
fend us From the threat of_ ill tre-men - dous!

Andante

Al - les pflegt schon längst der_ Ruh!
All the world is sleep-ing_ now;

pp

trau - ter Freund, wo wei-lest_ du? Ob mein
Why, dear friend, -de-lay-est_ thou? Though I

Recit.

Nach - ti-gall und Gril-le scheint der Nacht-luft sich zu freu'n.
night- in-gale and crick-et In the si - lence take de-light.

Recit. **Recit.** *accel.*

Doch wie! täuscht mich nicht mein Ohr? Dort klingt's wie Schrit-te!
But hold! Do my ears hear fair? A step is near-ing!

agitato

Dort aus der Tan-nen Mit - te kommt was her vor! Er ist's, er
Forth from the pines ap-pear-ing Comes some-one there! 'Tis he, 'tis

ist's! die Flag-ge der Lie - be mag weh'n! Dein Mäd - chen
he! The ban-ner of love un - folds! Thy maid - en doth

wacht____ noch in____ der Nacht!
wait, ____ though the night____ be late!

Recit.

Er scheint mich noch nicht zu seh'n Gott! täuscht das Licht des Mond's mich
Not yet he my sign be-holds. Heav-ens! if the light cheat not my

nicht, so schmückt ein Blu-men strauss den Hut! Ge-wiss, er hat den bes-ten Schuss ge-
sight, A wreath of flow'rs a - dorns his hat! 'Tis sure! his was the shot that won the

tan; das kün - det Glück für mor - gen
prize! What prom - ise for the morn is

zückt ent - ge - gen ihm, ___ süss __ ent -
draws me __ now __ his form, ___ sweet - ly draws me

zückt ent - ge - gen ihm!
now his no - ble form!

Konnt' ich das __ zu __ hof - fen wa - gen,
Is this not __ all __ hope ___ ex - cell - ing,

konnt' ich das_ zu_ hof - fen_ wa - gen?konnt'ich
is this not_ all_ hope ex - cell - ing, is this

das_ zu_ hof - fen wa - gen? Ja!___ es_ wan - dte_ sich_ das_
not_ all_ hope ex - cell - ing? For - tune sure - ly_ comes a -

Glück zu_ dem_ teu - ren_ Freund zu - rück: will sich
gain to_ the_ wor - thi - est_ of_ men: And to -

mor-gen treu be-wäh-ren, will sich mor-gen treu be-wäh-ren!
mor-row brings sal - va - tion, and to - mor-row brings sal-va-tion!

Ist's nicht Täu-schung, ist's nicht
No il - lu-sion, no de -

Il est doux, il est bon

Recitative and Aria

from "Hérodiade"

English version by
Arthur H. Vivian

Jules Massenet
(1842-1912)

En é - cou - tant sa voix__ mé - lo - dieuse et ten - - dre, Mon cœur s'est cal -
In list'ning to his voice__ so full, so soft, so ten - - der, My heart found sweet

mé!__ Prophè - te bien ai - mé, puis - je vi - vre sans toi?__
peace!__ O Pro - phet loved o'er all! can I live with - out thee?__

rall. a tempo, (poco più mosso)

Prophète bien ai - mé, puis - je vi - vre, vi - vre sans toi?
O Prophet loved o'er all! can I live,__ live with - out thee?

col canto

a tempo, (poco più mosso)

C'est là! dans ce dé - sert__ où la foule é - ton -
'Twas there! in yon wild waste__ where the throng in a -

Parmi les pleurs

Romance

from "Les Huguenots"

English version by
Lorraine Noel Finley

Giacomo Meyerbeer
(1791 - 1864)

Einsam in trüben Tagen

Elsa's Dream
from "Lohengrin"

Richard Wagner
(1813 - 1883)

Ein - sam in trü - ben Ta - gen hab' ich zu Gott__ ge - fleht, des
Oft when the hours were lone - ly, I un - to Heav'n__ have prayed, One

Her - zens tief - stes Kla - gen er - goss ich im Ge - bet, da
boon I asked for on - ly, To send the or - phans aid! I

In lich-ter Waf-fen Schei-ne ein Rit-ter nah - - te
I saw, in splen-dor shin-ing, A Knight of glo - - rious

da, so tu-gend-li - cher Rei - ne ich
mien, On me his eyes in-clin - ing With

kei - nen noch er-sah: ein gol-den Horn zur Hüf-ten, ge-
tran - quil gaze se-rene; A horn of gold be-side him, He

leh - - net auf sein Schwert, so trat er aus den
leant___ up-on his sword, Thus, when I erst es-

Euch Lüften
Aria
from "Lohengrin"

English version by
Natalia Macfarren

Richard Wagner
(1813-1883)

Elsa

Euch Lüf - ten die mein Kla - gen so trau - rig oft er -
Ye wan - d'ring breez - es heard me, When grief was all I

füllt, ___ euch muss ich dan - kend sa - gen, wie sich mein Glück ent -
knew, ___ Now that de - light hath stirred me, My joy I'll breathe to

Obéissons quand leur voix appelle

Recitative and Gavotte

from "Manon"

English version by
Willis Wager

Jules Massenet
(1842-1912)
Edited by Carl Deis

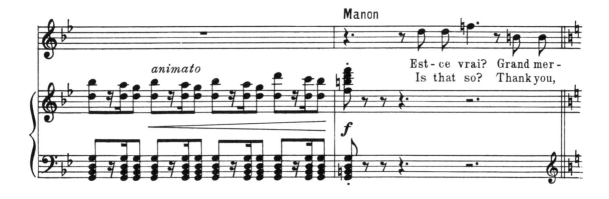

Allegro maestoso ♩. = 72
(with impertinence and gaiety)

Je mar-che sur tous les che-mins
A sov-'reign am I in my way,

f ben marcato e ritmato

(The 3rd beat in the ⁹⁄₈ measure should be faster than the other two.)

Aus-si bien qu'u-ne sou-ve-rai ne;
All con-fines and bar-riers dis-dain ing;

On s'in-cli-ne, on bai-se ma main, Car
None so great but hom-age must pay, By

rer ma char-man-te per-son ne!
wor-ship my per-son so charm-ing.

par la beau-té je suis rei - ne! je suis rei - - ne!
beau-ty's own right I am reign-ing, I am reign - - ing.

Mes che-vaux cou - rent à grands pas;
How my hors-es gal - lop a - pace!

De-vant ma vie a - ven-tu-reu - - se. Les
How all stand in won-der be-fore me! The

grands s'a - van-cent cha - peau bas;
no - bles bow and yield me place.

Je suis
I am

belle, je suis heu-reu-se! je-suis bel - - le!
love-ly, and all a-dore me, I am love - - ly.

Au-tour de moi tout doit fleu-rir!
Let all things a-round me be gay!

Je vais à tout ce qui m'at-ti - - re!
My fan-cy a-lone I'm o-bey - - ing.

Et, si Ma-non de-vait ja-mais
And if Ma-non should come to die

n'a-vons en-cor que_ vingt ans! Ah! ah!
now we all are young_ a-gain, ha, ha!

Come primo

Le cœur, he-las! le plus_ fi-dè-le, Ou-bli-e en un jour l'a-mour,
The heart, a-las, the most en-dur-ing, Can for-get its love one day,

l'a-mour,_ l'a-mour, Et la jeu-nes-se ou-vrant son ai-le a dis-pa-
one_ day,_ one_ day; And youth can spread its wings ma-tur-ing And for-

ru sans re-tour, sans_ re-tour. Pro-fi-tons
e'er fly a-way, fly_ a-way. Come,_ take the

Moderato e leggero

In quelle trine morbide

Aria

from "Manon Lescaut"

English version by
Mowbray Marras

Giacomo Puccini
(1858-1924)

Lo stesso movimento

O mia di - mo - ra u - mi - le, tu mi ri -
My lit - tle hum - ble dwell - ing, I see you

tor - nii in - nan - zi ga - ia, i so -
there be - fore me, se - clud - ed

la - ta, bian - ca co - me un so - gno gen -
and en - chant - ing, like a vi - sion of

ti - lee di pa - ce e d'a - mor!
peace, and of rest, of rest and love!

Deh vieni, non tardar

Recitative and Aria
from "Le Nozze di Figaro"

English version by
Ruth and Thomas Martin

Wolfgang Amadeus Mozart
(1756-1791)

Allegro vivace assai

Susanna

Recit. *tranquillo ed espress.*

Giun-se al fin il mo-men-to, che go-drò sen-za af-fan-no, in
This at last is the mo-ment, so di-vine and so cher-ished, I

brac-cio all' i-dol mi-o!
long-ing-ly a-wait-ed.

Tempo I

Recit.

Ti-mi-de cu-re! u-sci-te dal mio pet-to! a tur-
Soon he will come here, with lov-ing arms em-brace me, and no

bar - non ve - ni - te il mio di - let - to!
wor - ry or fear shall mar our rap-ture!

con anima

Oh co - me par, che all' a - mo - ro - so fo - co l'a - me - ni - tà del
Close to the heart of Na - ture's friend-ly pow-ers, del - i - cate, fra-grant

lo - co, la ter - ra e il ciel ri - spon - da!
flow - ers, the pine trees, the sky sur - round us.

con calore

Co - me la not - te i frut - ti miei se - con - da!
Aid - ing the lov - ers, night casts her veil a - round us!

Porgi, amor, qualche ristoro

Cavatina

from "Le Nozze di Figaro"

English version by
Ruth and Thomas Martin

Wolfgang Amadeus Mozart
(1756-1791)

Por - gi, a - mor,___ qual - che ri -
Pour, O love,___ sweet con - so -

sto - ro al mio duo - lo, a' miei_____ so-
la - tion on my lone - ly, my bro - ken_____

spir!_____ O mi_____
heart. Give me_____

ren-di il mio te - so-ro, O mi_____
back his_lost af - fec-tion, or, I_____

la-scia_al-men mo-rir, o mi la-scia al-men mo-rir! Por-gi, a-mor, qual-che ri-
beg_you,_let me die, or, I beg you, let me die. Bring me com-fort in my

cresc.

f p

sto - ro al mio duo - lo, a miei so - spir! O mi ren - di il mio te -
suf-f'ring, hear my bro-ken-heart-ed sigh! Give me back my lord and

so - ro, o mi la - - - scia al-men mo - rir, al -
hus - band, or, I beg_____ you, let me die,— or—

men mo - rir, o mi ren - di il mio te - so - ro, o mi
let me die. Give me back my lord and hus-band, or, I

la - scia al - men mo - rir!
beg you, let me die!

Ozean! Du Ungeheuer!

Scene and Aria

from "Oberon"

Carl Maria von Weber
(1786-1826)

schlingst die Knoten um dein Opfer her, zermalmend das mäch - ti - ge Schiff, als wär's ein
flingst thy folds around some fat-ed prow, Crushing the strong-ribbed bark as 'twere a

fp colla voce

Rohr, dann, O - ze-an, stellst du ein Schreckbild dar!
shell, Then, O - cean, thy pow'r is fierce and fell!

ff. *ff* >

Allegro con moto

pp agitato

mf agitato

Noch _____ seh' ich _____ die
Still _____ I see _____ thy

Wel - - len to - ben, durch die
bil - - - lows flash - - ing, Through the

Nacht ihr Schäu - - men schleu - dern,
gloom their white foam fling - ing,

cresc. ƒ p più tranquillo
an der Bran - dung, wild ge - ho - ben, je - de Le - bens-hoff-nung
And the break-ers' sul - len dash-ing In mine ear hope's knell is

ƒ ff p ƒ pp

schei - tern!
ring - ing!

agitato poco a poco tranquillo

p tranquillo
Doch still! Seh' ich nicht Licht dort schimmern,
But lo! me-thinks a light is break-ing

flie - het,   wie   wil - der   Ros - - se   Mäh - - nen
stream - ing,   Or   a   wild   charg - - er's   fly - - ing

Flug!
mane!

Maestoso assai   Recit.   dolce

Und   nun   die Sonn'geht auf!   Die
And   now   the sun bursts forth,   The

Win - de lis - peln leis';   ge-still-ter Zorn wogt nur   in Wel - len
wind   is lull - ing fast,   And the broad wave but pants from fu - ry

Andante maestoso ma con moto

Kreis.   Wol - ken -
past.   Cloud - less

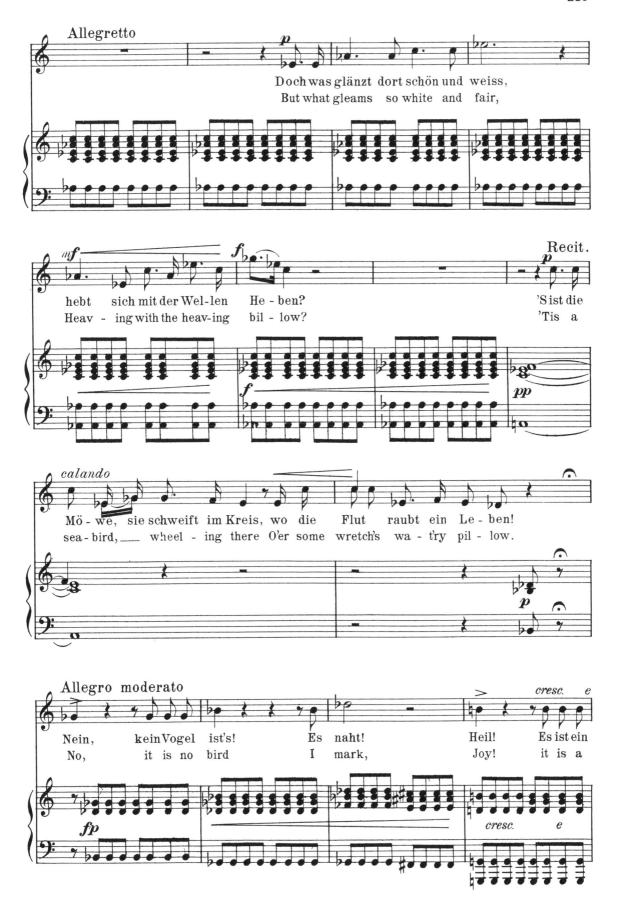

Allegretto

Doch was glänzt dort schön und weiss,
But what gleams so white and fair,

hebt sich mit der Wel-len He - ben?
Heav - ing with the heav-ing bil - low?

Recit.
'S ist die
'Tis a

calando

Mö - we, sie schweift im Kreis, wo die Flut raubt ein Le - ben!
sea - bird,___ wheel - ing there O'er some wretch's wa - t'ry pil - low.

Allegro moderato

Nein, kein Vogel ist's! Es naht! Heil! Es ist ein
No, it is no bird I mark, Joy! it is a

Salce, Salce
The Willow Song
and
Ave Maria
from "Otello"

Giuseppe Verdi
(1813 - 1901)

*English version of "Ave Maria" by Dr. Theodore Baker

Copyright, 1903, by G. Schirmer, Inc.

Recitativo

Desdèmona

Mi pa - rea. M'in-giun-se di co-ri - car-mi e d'at-ten-der-lo.
So it seemed. He bade me soon to a - wait him, and to go to bed.

E - mi - lia, te ne pre - go, di-sten-di sul mio
E - mi - lia, let me ask you, be-fore you go, lay

Recit.

Mia ma-dre a - ve va u - na po-ve-ra an-cel - la in-na-mo-ra-ta e
My moth-er long, long a-go had a maid, As fair as she was

bel - la; e - rail suo no - me Bar-ba-ra; a - ma-va un uom che poi l'ab-ban-do -
faith-ful, and her name was Bar-ba-ra. She was in love, and he she loved proved

parlante

nò, can-ta-va u-na can - zo - ne: la can-zon del Sa-li-ce. Mi di-scio-gli le
mad, And last-ly did for - sake her. She had a song of "Wil - low." Loose my hair, pri-thee,

dolce

marcate   cresc. e stringen.

chio-me. Io que-sta se - ra ho la me-mo - ria pie - na di
hie thee. That song this eve - ning, it will not leave me. Like— that poor

p cresc. e stringen.

254

Ah! E - mi - lia E - mi - lia, ad - dio, E - mi - lia, ad - di -
Ah! E - mi - lia, fare thee well, E - mi - lia, fare thee

o!
well!

Salce, Salce
Ave Maria

Stridono lassù
Ballatella
from "Pagliacci"

English version by
Henry Grafton Chapman

Ruggiero Leoncavallo
(1858-1919)

Qual fiam - ma_a - vea nel guar - do!
His eyes with fire were flam-ing!

Gli oc - chi ab - bas - sa i per te - ma ch'ei leg - ges - se il mi - o pen - sier se -
I dropped my eyes, fear-ful lest he should have read there what I was se - cret - ly

gre - to! Oh! s'ei mi sor - pren - des - se... bru - ta - le co - me e - gli è!
think - ing! Ah! if he were to catch me, the cru-el brute he is!

Ma ba - sti or - vi - a. Son que - sti so - gni pa - u - ro si e fol - le!
E-nough then! Have done now! That's but a hor-rid dream, a fool-ish night-mare!

264

can-to e a me bam - bi - na co - sì can -
sing-ing, and in my child - hood thus would she
Ballatella
Opp.
ta - va: Hui! Hui!
sing me: Hui! Hui!
l.h.
Vivace ♩. = 66
in Uno come uno scherzo
pp
bisbigliando

* If the singer wishes to omit the trills, go to the bar marked 𝄋, skipping one measure.

Il regardait mon bouquet

Arietta
from "Le Roi et le Fermier"

English version by
Dr. Theodore Baker

Pierre Alex. Monsigny
(1729-1817)

Allegretto ♩ = 112

Il re-gar - dait mon bou-quet,
His eye was on my bou-quet,

Sans doute il le dé-si-rait. Je l'ai pris,— Et
No doubt his wish it would say; I, poor soul!— I

je l'ai mis à son ha-bit. Il rit,— il rit,— il rit,— il
put it in his but-ton-hole. He smiled: Poor child! He smiled: Poor

274

Come in quest' ora bruna

Aria

from "Simon Boccanegra"

English version by
Lorraine Noel Finley

Giuseppe Verdi
(1813-1901)

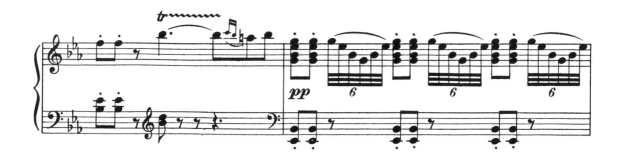

dor - no non o - bli - ai per
pell - ing, Calls up the home I
te! Ah! so - lo in tua pom - pa au -
knew; But why should my heart ef -
ste - ra a - mor sor - ri - de a
face you When here love's dream comes
me.
true?

Dich, theure Halle

Aria

from "Tannhäuser"

English version by
Natalia Macfarren

Richard Wagner
(1813 - 1883)

froh grüss' ich dich, ge-lieb-ter Raum!
All hail to thee, thou hal-lowed place!

In dir er-wa-chen sei - ne Lie - der
'Twas here that dream, so sweet and fleet-ing,

und we-cken mich aus düst'-rem Traum. Da
Up-on my heart his song did trace. But

Allmächt'ge Jungfrau
Elisabeth's Prayer
from "Tannhäuser"

English version by
Natalia Macfarren

Richard Wagner
(1813-1883)

Mild und leise

Isolde's Liebestod

from "Tristan und Isolde"

Richard Wagner
(1813-1883)

Tacea la notte placida

Aria
from "Il Trovatore"

English version by
Natalia Macfarren

Giuseppe Verdi
(1813-1901)

fle - bi - li gli ac-cor - di d'un li - u -
mon - ious-ly Were blent with lay im - plor -

to, e ver - si me - lan-co - ni - ci, e ver-si me-lan-
ing. That strain so soft and low, so soft and low, it

co - ni-ci un tro-va-tor can-tò.
was a trou-ba-dour who sang.

Ver - si di pre - ce ed u - mi - le, qual d'uom che pre-ga Id-
Words of de - vo - tion and pray'r he breathed, as though he heav'n en-

ten - der l'al - ma non sa.
canst ___ not un - der - stand.

Allegro giusto ♩ = 100

p *brillante*

brillante

Di ta - le a - mor, che dir ___ si mal può dal - la pa -
The love my heart o'er flow ___ ing no earth - ly word can

pp

ro - la, d'a - mor che in - ten - do io so ___
ren - der. With rap - ture I sur - ren ___

la, il cor,___ il___ cor,___ il___ cor s'in-ne-bri - ò. Il mio de-sti - no
der my heart,___ my___ heart,___ my heart to be his own. On him my faith be-

com - - pier - si   non può che a lui d'ap - pres - -
stow - - ing,   No more in life we sev - -

so - s'io non vi-vrò per es - - so,   per es - so, per
er.   Come life or death, for - ev - - er   my heart,___ my

Poco più mosso

es - so, per_es-so_mo-ri - rò! s'i - o non vi-vrò per es - so, per es-so io mo-ri-
heart,___ my heart is his a - lone. Yes, my heart is his a - lone. Yes, my heart is his a-

pp

si mal può dal-la pa-ro - - la, d'a-mor, che in-ten-do io
ing no earth-ly word can ren - - der. With rap - ture I sur-

so - - la, il cor, ___ il cor, ___ il ___ cor s'in-ne-bri
ren - - der, My heart, ___ my heart, ___ my heart to be his

ò. Il mio des-ti - no com - pier-si non può che a lui d'ap
own. On him my faith be-stow - - ing, no more in life we

pres - - so, s'io non vi-vrò per es - - -
sev - - er. Come life or death, for - ev

D'amor sull' ali rosee

Recitative and Aria

from "Il Trovatore"

English version by
Natalia Macfarren

Giuseppe Verdi
(1813-1901)

au - ra, che in-tor-no spi-ri, deh, pi-e-to-sa, deh, pi-e-
breez-es, I hear la-ment-ing. Oh, fly and tell him, oh, fly and

dolce

to - sa gliar-re-ca i miei so - spi - ri!
tell him his love doth near him lin - ger!

ppp

Adagio ♩=50 *pp con espress.*

tr

D'a-mor sull'a - li ro - se - e
Love, fly on ros - y pin - ions,

tr

3

van - ne, so-spir do len - te; del pri-gio-nie - ro
float in a dream a - round him. Bear to the cap - tive

316

Der Männer Sippe

Sieglinde's Narrative

from "Die Walküre"

English version by
Frederick Jameson

Richard Wagner
(1813 - 1883)

Lebhaft

pp

Sieglinde

Schläfst du Gast?
Sleep'st thou, guest?

Ich bins: hö-re mich an! In tie-fem
It is I: list to my words! In deep-est

p *pp*

Schlaf liegt Hun-ding; ich würzt' ihm be-täu ben-den Trank: nü - tze die Nacht dir zum
sleep lies Hun-ding, o'er-come by a slum-ber-ous draught: now,___ in the night, save thy

p *p poco cresc.*

Heil!
life!

Ei-ne Waf-fe lass'mich dir wei-sen: oh
A weap-on let me now show thee: oh

mf *p*

frei - te ein Weib, das un - ge - fragt Schä-cher ihm schenk-ten zur Frau. Trau - rig
wo - man he chose, by him un-wooed, mis-cre-ants gave him to wife. Sad I

sass ich wäh-rend sie tran-ken; ein Frem-der trat da her-
sat the while they were drink-ing; a stran-ger en-tered the

ein: ein Greis in grau-em Ge-wand; tief
hall; an old man clad all in gray; low

hing ihm der Hut, der deckt' ihm der Au - gen ei - nes; doch des
down hung his hat, and one of his eyes was hid-den; at the

Wehr sich Kei-ner ge - wann; Gä - ste ka-men und Gä - ste gin-gen, die Stärk-sten zo - gen am Stahl—kei-nen
one the weap-on could win; guests came hith-er and guests de-part-ed; the strong-est tugged at the steel—not a

Zoll ent-wich er dem Stamm: dort haf - tet schwei-gend das
whit it stirred in the stem: there cleaves in si - lence the

Ruhig

Schwert. Da wusst' ich wer der
sword. Then knew I who he

war, der mich gram - vol - le ge-grüsst: ich weiss auch,
was who in sor - row— greet-ed me: I know too

Sehr lebhaft

wem all-ein im Stamm das Schwerter be-stimmt.
who a-lone shall draw the sword from the stem.

O fänd ich ihn
Oh, might I to-

heut' und hier, den
day find here the

Freund; käm' er aus Frem-den zur ärm-sten Frau: was
friend; come from a-far to the sad-dest wife: what

Ach, ich fühl's

Aria
from "Die Zauberflöte"

English version by
Ruth and Thomas Martin

Wolfgang Amadeus Mozart
(1756 - 1791)

Ach, ich fühl's, es ist ver-schwun-den, e - wig_ hin mein gan - zes
Ah, I_ feel, to grief and sad-ness, ev - er_ turned is love's de-

Glück, e - wig hin - der Lie - be Glück. Nim - mer
light, ev - er turned is love's de - light. Gone for-

kommt ihr, Won - ne - stun - den, mei - nem Her - zen_ mehr _ zu - rück, mei - nem
ev - er_ joy and glad-ness, in my heart reigns mourn - ful night, in_ my_

Her - zen_ mei - nem Her - - - zen mehr_ zu-
heart_ reigns,in_ my_ heart - - - reigns mourn - ful

rück.
night.

Sieh, Ta - mi - no,
See, Ta - mi - no,

die - se
see my

Trä - nen flie-ssen,Trau-ter,dir al - lein,
an-guish, see my tears for you,my own,

dir_ al - lein, fühlst du nicht der Lie-be
you,_ my own. If for love you do not

Seh - nen, der Lie-be Seh-nen, so wird Ru - he, so wird Ruh im³ To - de_
lan-guish, you do not lan-guish, peace I find then,peace I find in_ death a-